전해리 글
원혜진 그림

나의 미디어 일기

진이 미디어 리터러시를 갖춘
현명한 시민이 되다

* 추천사 *
어린이에게 꼭 필요한
미디어 리터러시 종합 안내서

공부에 태블릿 컴퓨터를 활용해 본 친구들은 한두 번쯤 이런 일을 겪었을 거예요. 공부 주제에 맞는 동영상을 보는데 자꾸만 광고에 눈길이 갔다. 친구가 보낸 메시지나 메일만 잠깐 확인하려고 했는데 엉뚱한 콘텐츠를 보느라 공부는 까맣게 잊어버렸다. 딱 두세 개만 보려고 했는데, 시간 먹는 하마인 숏폼을 보다가 수업 시간이 다 지나가 버렸다. 주제에 딱 맞는 뉴스와 사진을 찾았는데 진짜인지 가짜인지 몰라서 너무 답답했다.

방금 "맞아, 나도 이랬어." 하고 말했죠? 다 이해합니다. 현대 사회는 미디어가 온종일 우리를 둘러싸고 있으니까요. 미디어가 없는 생활은 상상조차 하기 어렵죠. 여러분은 태어날 때부터 스마트폰, 메타버스, 인공 지능 등 첨단 디지털 환경에서 성장하는 알파 세대입니다. 놀이와 공부, 친구들 사이의 대화 등 일상생활이 늘 디지털 미디어 중심으로 돌아갑니다. 미디어가 너무 많아서 그 안에서 길을 잃기 십상이죠.

미디어 홍수에 빠져서 허우적거리지 않으려면, 뉴스, 광고, 사진, 영상, SNS 등 생활 미디어를 잘 가려서 보고 이용하는 눈, 즉 미디어 리터러시가 꼭 필요합니다. 말부터 어렵단 생각이 드나요? 친절한 길잡이가 있다면 어렵지 않아요. 바로 이 책《나의 미디어 일기》가 미디어를 현명하게 사용하고 내 생각을 미디어로 똑똑하게 표현할 수 있도록 도와주고 이끄는 길잡이예요. 미디어에 대한 기본 설명부터 콘텐츠에 사용할 음악을 구하는 방법 같은 바로 활용할 수 있는 구체적인 방법까지 정말 친절하게 알려 줍니다. 귀여운 그림과 통통 튀는 대화까지 있어서 재미있게 읽을 수 있답니다.

미디어는 사람과 사람을 연결하고 좋은 생각과 참신한 아이디어를 나누는 좋은 도구입니다. 이 도구를 안전하고 지혜롭게 사용할 수 있는 역량을 키워 세상에 선한 영향을 미치는 멋진 시민으로 자라기를 바랍니다.

−**전우경**(소화초등학교 사서교사, 2025 경기도교육청 독서인문교육정책실행연구회)

* 작가의 말 *
우리를 둘러싼 미디어, 현명하고 밝은 눈이 필요해요

요즘 우리는 온종일 미디어에 둘러싸여 지내요. 학교에서 전자 칠판과 태블릿 컴퓨터를 사용해 공부하고, 휴식 시간에는 유튜브를 보거나 게임을 해요. 숙제할 때나 공부할 때도 컴퓨터로 인터넷을 활용하지요. 어디 이것뿐인가요? 책과 신문, 텔레비전도 미디어랍니다. 이렇게 생각하니 거의 모든 순간을 미디어와 함께 보내는 것 같아요.

미디어는 사람들의 생각이나 정보를 전달하는 도구예요. 지식을 넓히고, 세상을 보는 눈을 키우는 데 아주 좋은 도구죠. 하지만 거기에는 진실만 담겨 있지 않아요. 어떤 정보는 사실과 다르고, 또 어떤 콘텐츠는 다른 사람 마음에 생채기를 남기기도 해요. 그래서 미디어의 올바른 활용법을 알고, '이 내용이 진짜일까?', '왜 이런 콘텐츠를 만들었을까?' 하고 생각해 보는 힘이 정말 중요해요.

여러분이 이런 힘을 기를 수 있도록 도우려고 이 책을 썼어요. 뉴스와 광고를 볼 때, 친구들과 SNS에서 대화할 때, 유튜브로 볼 영상을 고를 때처럼 미디어를 사용하는 다양한 순간에 생각해 볼 내용을 담았어요. 여러분이 날마다 만나는 미디어를 잘 활용해 세상을 깊이 보고, 몸도 마음도 튼튼하게 성장하길 바라면서요.

미디어는 앞으로도 발전하고 새로워질 거예요. 휴대폰이 등장하면서 공중전화가 거의 사라진 것처럼 더 편리한 미디어 기술이 등장하겠죠. 잘 활용하면 미디어는 힘찬 날개가 되어 여러분이 꿈을 이루게 해 줄 거예요. 하지만 잘못 쓰면 그 반대가 될지도 몰라요.

이 책을 다 읽은 뒤에 여러분만의 미디어 일기를 써 보세요. 오늘 유튜브에서 본 영상은 무엇이었고 그걸 보고 어떤 생각이 들었는지, '좋아요'와 '공유하기'를 누른 콘텐츠는 무엇이고 왜 그렇게 했는지 적어 보는 거예요. 미디어 일기가 한두 장씩 쌓일수록 여러분의 세상은 더 넓고 안전해질 거예요. 그걸 바탕으로 모두에게 친절한 미디어를 만드는 사람이 될 수도 있겠죠.

여러분이 미디어를 '보기만 하는 사람'이 아니라 '이해하고, 선택하고, 책임질 줄 아는 사람'이 될 때까지 응원할게요.

-전해리

 차례

추천사 어린이에게 꼭 필요한 미디어 리터러시 종합 안내서 · 2
작가의 말 우리를 둘러싼 미디어, 현명하고 밝은 눈이 필요해요 · 4

1. 온통 미디어야 · 8
2. 미디어에 둘러싸인 하루 · 12
3. 미디어 리터러시, 그게 뭔데 중요하다는 거지? · 16

4. 뉴스의 탄생 · 24
5. 너도나도 뉴스를 만드는 세상 _뉴스 리터러시 · 30
6. 이거 진짜야? _광고 리터러시 · 36

7. 사진과 영상이 나를 속일 수 있다고? _이미지 리터러시 · 46
8. 이만큼만 보여 줄래 _SNS 리터러시 · 54
9. 악플은 모두를 아프게 해 · 58
10. 숏폼을 많이 보면 뇌가 썩는다고? · 62
11. 필터 버블에 갇힌 진이 _알고리즘 · 68

12. 등급이 있는 영상, 등급이 없는 영상 · 74
13. 저작권과 초상권을 지켜 줘! · 78
14. 구독자를 늘려 준다고요? · 84
15. 모두에게 친절한 미디어가 필요해 · 92
16. 나도 미디어 박사 · 96

1. 온통 미디어야

오늘 처음 미리 선생님에게 미디어 리터러시 특강을 들었다.

미디어 리터러시를 가르치는 선생님이라서 미리 선생님이다.

오늘은 미디어가 먼지 배웠다. 어떤 것이 미디어이고 어떤 게 아닌지 아직 알쏭달쏭하다.

선생님이 미디어는 공기처럼 우리 주변에 가득 차 있다고 하셨다.

그렇다면 미디어는 엄청 중요한 게 아닐까?

미디어라는 말을 들어 본 적 있니?

진이처럼 처음 듣는 친구도 있을 거야.

말도 낯선 미디어가 공기처럼 우리 곁에 있다니 믿기 힘들지?

생각과 정보를 전달하는 모든 것이 미디어야.

책은 아주 오래전부터 사람들에게 정보를 전해 준 미디어야.

신문이나 텔레비전 뉴스도 아주 오래된 미디어지.

이뿐만이 아니야. 동굴 벽에 그렸던 벽화도, 화가가 그린 그림도,

사진과 동영상도, 웹툰과 게임도 모두 미디어야.

미디어를 자세히 들여다볼까?

스마트폰과 컴퓨터, 책으로 주고받는 내용을 **미디어 콘텐츠**라고 해.

스마트폰이나 컴퓨터, 책은 **미디어 기기**라고 하지.

책이 있는 도서관이나 서점, 유튜브나 메신저처럼 여럿이 미디어 콘텐츠를 주고받는 장소를 **미디어 플랫폼**이라고 해.

영어 단어 플랫폼은 기차를 타는 승강장을 뜻하는 말이야.

승강장에는 사람이 많잖아. 사람이 많이 모이면 자연스럽게 대화하고 거래도 하게 돼. 그래서 사람들이 모여 미디어를 주고받는 공간을 미디어 플랫폼이라고 하는 거야.

내가 만든 영상을 혼자서 볼 수도 있지만, 유튜브에 올리면 더 많은 사람이 보겠지? 댓글도 달릴 테고. 영상을 올리는 사람도 많고 보는 사람도 많은 유튜브가 대표적인 미디어 플랫폼이야.

이제 미디어가 무엇인지 좀 알겠니?

우리는 수많은 미디어에 둘러싸여 지내. 그만큼 미디어가 중요하지.

지금부터 미디어의 세계로 들어가 보자.

2. 미디어에 둘러싸인 하루

광고도 미디어의 한 종류야.

생각이나 정보를 다른 사람에게 알리려고 만드는 게 광고거든.

소비자에게 상품과 서비스의 장점을 알리는 상업 광고,

모두가 알고 지켜야 할 내용을 알리는 공익 광고도 모두 미디어야.

광고는 텔레비전이나 버스, 전광판처럼 많은 사람이 보는 곳에

내보내.

광고만 해도 이렇게 많은데 우리 주변엔 얼마나 많은 미디어가

있을까?

진이의 하루를 살펴보면서 알아보자.

9:00 아침 독서 시간

정보와 이야기를 담은 책은 오래된 미디어야. 이제 곧 수업이 시작한다는 정보를 알려 주는 종소리도 미디어야.

10:40 3교시 사회 시간. 절기 동영상 시청

절기에 대한 정보를 담은 영상도 미디어야. 진이가 본 영상은 우리나라 문화를 전해 주었어.

18:50 부모님과 함께 뉴스 보기

뉴스도 정보를 전달하니까 미디어야. 토론도 미디어야. 정보를 전달하고, 여러 사람의 의견을 보여 주거든. 토론을 보는 사람도 다양한 의견이

있다는 사실을 알고, 가장 좋은 해결책이 무엇인지 고민하지. 토론이라는 미디어는 이렇게 사회 갈등을 조정하기도 해.

20:00 숙제 끝! 유튜브 보기

진이가 좋아하는 유튜브 영상도 다양한 정보를 담고 있으니 당연히 미디어겠지?

20:30 일기 쓰기

일기는 하루를 어떻게 보냈는지 기록하는 미디어야.

진이의 하루를 보니 정말 미디어에 둘러싸여 지내지?
그래서 미디어를 공기 같다고 하는가 봐.

3. 미디어 리터러시, 그게 뭔데 중요하다는 거지?

미디어 리터러시 특강에서 미디어 설문 조사를 했다.

많이 사용하는 미디어 기기가 무엇인지 고르는 질문이 있었는데

보기에는 우리 집에 없는 것도 있었다.

친구들과 비교해 보았는데 집마다 달랐다.

그래도 미디어 기기가 하나도 없는 사람은 없었다.

하니는 점점 더 오래 미디어 콘텐츠를 보게 된다고 했다.

점점 더 미디어를 많이 이용한다는 게 이런 걸까?

진이가 한 설문 조사는 미디어를 어떤 기기로, 어떤 플랫폼에서 이용하는지 알아본 거야. 조사 결과를 같이 볼까?

어린이들이 가장 많이 사용하는 미디어 기기는 스마트폰이네.

미디어 서비스와 플랫폼은 동영상이 1위고.

조사 결과에 따르면 어린이들은 스마트폰, 태블릿 PC, 스마트 TV로 동영상을 많이 봐.

지금은 언제든지 동영상을 보고, 메신저로 친구와 소통할 수 있어.

하지만 아주 오래전, 종이나 글자가 없었을 때는 어땠을까?

가죽옷을 입은 원시인은 말과 몸짓으로 대화했어.

동굴 벽에 그림을 그려 자신의 이야기를 남기기도 했지.

사냥하고, 춤추는 모습 같은 그림 말이야.

문자와 인쇄술이 생겨나면서 말로만 전하던 정보를 모아서 기록하게 되었어. 책을 만들어 많은 사람과 나누고, 멀리 떨어진 곳의 소식도 들을 수 있었지.

사진과 동영상은 정보를 한층 더 생생하게 전해 줬어. 지구 반대편에서 열리는 올림픽을 바로 앞에서 보는 것처럼 말이야.

그런데 기술이 이렇게 발전하는 동안 변하지 않은 것이 있어. 바로 사람들이 정보를 알고 싶어 하는 마음이야. 우리는 왜 정보를 알고 싶어 하는 걸까?

원시 시대 우리 조상의 삶을 살펴보면 답을 알 수 있어.

그땐 주변의 작은 신호를 알아채지 못하면 살아남기 어려웠어.

숲에서 나는 맹수 소리를 듣고 재빨리 도망치는 사람만이

살아남았지.

이런 본능이 우리 유전자에 남아 있어서 뉴스를 보고, SNS를 하면서 계속 세상 소식을 궁금해하는 거야.

요즘은 정보를 쉽게 얻고, 또 내 생각을 표현하기도 쉬워졌어. 그야말로 누구나 미디어를 만들 수 있는 시대인 거지. 이런 환경에서 꼭 필요한 능력이 바로 **미디어 리터러시**(media literacy)야. 미디어 리터러시는 미디어를 읽고, 거기에 담긴 지식과 정보를 이해하는 능력이야.

정보 중에는 참인 정보도 있고, 거짓인 정보도 있어. 재미있는 영상도 많지만, 어떤 영상은 사람을 놀리거나 상처 주는 말을 담고 있기도 하고, 또 어떤 글은 좋은 정보를 알려 주지만, 어떤 글은 사람들을 싸우게 하거나 편을 가르기도 해. 어떤 사진은 실제보다 과장된 모습으로 꾸몄을 수도 있지.

미디어 리터러시란 미디어에 담긴 진짜 메시지를 읽어 내는 힘이야. 이런 질문을 할 수 있게 해 주는 힘이지.

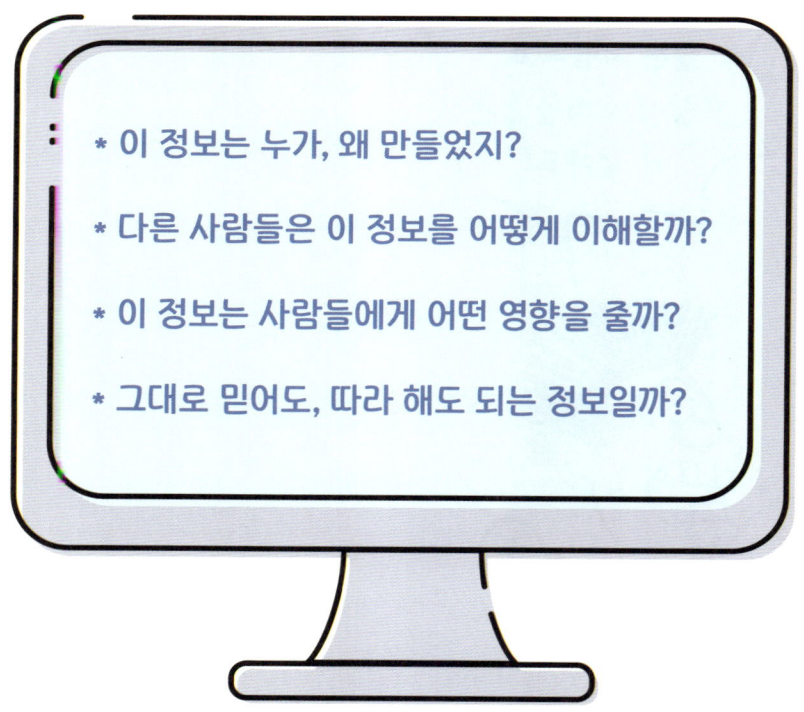

미디어 리터러시가 좋은 미디어를 만들어.
누군가에게 상처를 주거나 속이지 않고, 사람들에게 도움이 되는 정보를 담은 좋은 미디어란 무엇인지 알게 해 주거든.

어때? 미디어 리터러시가 왜 필요한지 알겠지?
지금부터 진이와 같이 미디어 리터러시를 제대로 시작해 보자.

4. 뉴스의 탄생

7월 6일 수요일 　　 오늘 기분

오늘은 미리 선생님과 신문 박물관에 견학을 다녀왔다.

사람들이 스마트폰을 쓰기 전에는 신문이나 텔레비전으로만 뉴스를 들었다고 한다. 밤에 있었던 일은 다음 날 아침이 되어서야 알 수 있었다는데, 전쟁이 났을 때는 어떻게 했을지 궁금했다. 가장 기억에 남는 것은 기자의 책상이다. 키보드처럼 생긴 타자기와 커다란 카메라, 수첩과 흑백 사진도 있었다.

다른 방에서는 신문을 인쇄하는 큰 기계도 봤다. 기사 쓰고, 편집하고, 인쇄까지 아주 많은 사람이 노력해서 신문을 만든다는 사실을 알았다.

신문은 오랫동안 사람들에게 새로운 소식을 전달해 왔어. 그런 만큼 많은 사람이 즐겨 보고, 믿을 만하다고 인정하는 미디어지.

진이가 신문 박물관에서 본 것처럼, 신문은 많은 사람의 노력으로 만들어. 기사 취재부터 인쇄까지 여러 과정을 거친단다.
마지막 인쇄 단계를 빼면 방송이나 인터넷 뉴스도 비슷해.
어떻게 만드는지 같이 볼까?

1. 기삿거리 찾기

기사로 쓸 만한 소식이 있는지 조사해. 수많은 새로운 소식 중에서 어떤 것을 전할지 정하는 거야. 사람들에게 필요한 내용인지, 어떤 영향을 미칠지 고민하지. 시민들의 제보를 받아서 기삿거리를 정하기도 해.

2. 취재

기사 작성에 필요한 내용을 모으는 단계야. 현장에 가서 사람들을 인터뷰하고, 자료를 조사하지. 때때로 기자는 취재하느라 회사 안보다 밖에서 시간을 더 많이 보내기도 해.

3. 기사 쓰기

취재한 내용을 사람들이 잘 이해할 수 있게 정리해. 육하원칙(누가, 언제, 어디서, 무엇을, 어떻게, 왜)에 따라서 내용을 정확하게 쓰지. 영상 기자는 방송에 쓸 영상을 찍어.

4. 데스킹

데스킹이란 기자가 쓴 기사를 검토하는 단계야. 취재와 편집을 모두 책임지는 데스크(편집장 또는 보도국장)를 통과해야 신문에 실리거나 방송에 나갈 수 있어. 기사에 잘못된 내용은 없는지 확인하고, 사람들의 관심을 끌 수 있는지도 검토해.

5. 편집, 교열

기사에 잘못된 글자나 문장이 없는지 확인하고 제목을 정해. 신문은 이 단계에서 기사를 어느 자리에 어떻게 배치할지 정해. 방송은 기사를 내보낼 순서를 정하지.

6. 보도, 발행

신문, 방송과 같은 미디어를 통해 사람들에게 새로운 소식이 전달돼.

이렇게 여러 단계를 거친 다음 보도한 뉴스는 믿을 만하고, 정확한 정보를 전달해.

우리는 뉴스를 보고 사람들이 어떻게 사는지, 중요한 사건은 없는지 정보를 얻지. 뉴스를 통해 세상이 어떻게 돌아가는지 이해하는 거야.

뉴스가 얼마나 중요한지 알겠지?

그럼, 지금부터 뉴스를 똑똑하게 보는 방법을 알아보자.

5. 너도나도 뉴스를 만드는 세상
뉴스 리터러시

미국 버지니아주 한 초등학교에서 급식에 슬라임이 나왔다고 합니다. 담당자가 슬라임을 젤리로 착각해서 벌어진 일이라고 합니다. 슬라임을 먹은 어린이는 한동안 언어 기능을 상실했다고 합니다.

요즘엔 누구나 뉴스를 만들 수 있어. 신문사나 방송국 같은 언론사 말고도, 인터넷 뉴스만을 만드는 회사도 있고, 개인이 뉴스를 만들기도 해. 사람들의 관심사가 다양해지니 뉴스도 많아졌지. 안타깝지만 그러면서 **가짜 뉴스**도 늘어났어.

미리 선생님이 보여 준 동영상도 가짜 뉴스야.
하나씩 따져 보자. 저 사람이 진짜 교수일까?
말하는 걸 들어 보니 어느 나라 말인지도 모르겠던데
한국어 자막은 제대로 번역한 걸까?
마지막으로 슬라임을 먹으면 정말 말을 못하게 될까?

하나씩 짚어 보니 의심스러운 부분이 많지?
가짜 뉴스에 속지 않으려면
어떻게 해야 하는지
미리 선생님과 함께 알아보자.

가짜 뉴스는 거짓으로 만들어 낸 뉴스야.

보기에는 진짜 뉴스와 별 차이가 없지만 내용은 모두 가짜지.

이런 가짜 뉴스를 왜 만드는 걸까?

단순히 재미로 만드는 사람도 있지만, 대부분은 이익 때문에 가짜 뉴스를 만들어. 경쟁에서 이기려고 상대를 헐뜯는 가짜 뉴스를 퍼뜨리기도 하고, 경제적 이익을 얻으려고 자극적인 가짜 뉴스를 만들기도 해.

가짜 뉴스로 어떻게 경제적 이익을 얻느냐고?

사람들은 자극적인 이야기를 좋아해. 가짜 뉴스 영상에 자극적인 썸네일이나 제목을 붙이면, 많은 사람이 궁금해서 클릭하게 되지. 내용이야 진짜든 가짜든, 조회수만 높으면 광고 수익이 많이 생겨. 그래서 가짜 뉴스를 만드는 거야. 누군가에게 피해를 줄 수 있는데도 말이야.

오염된 물속에서는 물고기가 살 수 없는 것처럼, 미디어가 오염되면 우리도 잘 살 수 없어. 서로를 믿지 못할 테니까.

그래서 '팩트 체크'가 등장했어.

팩트 체크는 사실을 뜻하는 팩트(fact)와 확인한다는 뜻의 체크(check)를 합친 단어야. 어떤 정보를 들었을 때 그것이 진짜인지 확인하는 과정이지.

아까 수업 시간에 본 뉴스가 사실인지 팩트 체크를 해 보자.

1. 정보의 출처를 확인한다

의심스러운 뉴스를 보면 그걸 보도한 언론사가 그동안 어떤 뉴스를 전했는지 찾아봐. 화면에 보이는 PPC는 처음 보는 방송국 같아.
포털에서 이 방송사를 검색해 보니 우리가 본 것처럼 좀 미심쩍은 뉴스만 나오네.
믿을 만한 뉴스인지 의심해 보는 게 좋겠지?

2. 뉴스에 나온 사건 검색하기

포털에서 같은 내용의 사건을 검색해 봐. 다른 언론사에서 보도하지 않았다면 가짜 뉴스일 가능성이 커.
진이는 '버지니아주 슬라임 급식'으로 인터넷 검색을 해 봤어.
그랬더니 미국 버지니아주에 사는 어린이가 슬라임 놀이를 하는 사진만 나왔어.

3. 뉴스에 나온 영상 확인하기

가짜 뉴스는 내용과 상관없는 영상을 쓰는 경우가 많아.
진이는 뉴스에 나온 교수 이름을 검색해 봤어. 토비 제너럴이라는 교수는 검색 결과에 없었어.

또 영상에 나온 교수의 말이 어떤 의미인지 번역기를 돌려 봤어. 뉴스 내용과는 전혀 관계없는 치매 이야기였어.

4. 뉴스를 만든 사람 확인하기

만든 사람이 믿을 만한지 알아봐야 해. 뉴스의 시작이나 끝에 기자 이름과 이메일 주소가 있는지 확인해. 제대로 취재한 기자라면 뉴스 내용에 대한 의견이나 사실 확인을 위해 이름과 이메일 주소를 남겨. 진이가 본 뉴스에는 기자 정보가 없었어. 아무래도 가짜 뉴스가 확실해 보이지?

5. 화가 나거나 놀라게 하는 등 심하게 감정을 자극하는지 의심하기

감정을 건드리는 콘텐츠는 조회수를 높이기 위해 만든 가짜 뉴스일 수 있어. 이 뉴스도 급식을 먹는 어린이와 부모님을 깜짝 놀라게 해. 감정에 혼란을 일으켜서 가짜 정보를 믿게 만들려는 건지도 몰라.

팩트 체크 결과 슬라임 급식 사건은 가짜 뉴스로 밝혀졌어.
듣고, 보고, 읽은 정보 중에 '이게 진짜일까?' 의심되면, 팩트 체크를 꼭 해 보자.
다른 사람에게 뉴스를 공유하기 전에도 팩트 체크가 필수!

6. 이거 진짜야?
광고 리터러시

7월 11일 월요일   오늘 기분

학교에서 신체 발달 검사를 했다. 작년보다 키가 많이 크지 않은 것 같아 아빠한테 인터넷에서 본 키 크는 약을 주문해 달라고 했다.

아빠는 펄쩍 뛰면서 그런 광고를 믿고 무턱대고 사면 안 된다고 했다.

온라인에서 파는 제품은 약처럼 생겼지만 건강 기능성 식품이고, 대부분 큰 효과가 없다고 했다. 광고에 의사가 나와서 키가 큰다고 말했고, 그 약을 먹고 키가 큰 어린이가 인터뷰도 했는데…. 정말 진짜가 아닐까?

진이는 하루 3알만 먹으면 자면서도 키가 큰다는 약 광고를 봤어.
광고에는 흰 가운을 입은 의사가 등장해 약의 효과를 설명했지.
약을 생산하는 공장을 배경으로 이 약을 개발하는 데 12년이나
걸렸다는 문구가 나왔어. 이 약을 먹으면 정말 키가 클까?

안타깝게도 이 광고는 허위 광고야. 거짓 광고라는 뜻이지.
흰 가운을 입은 의사는 배우였고, 공장은 엉뚱한 회사의 공장이었어.
게다가 이 회사는 생긴 지 3년밖에 되지 않았어.
그러니까 약을 12년 동안 개발했다는 주장도 당연히 거짓이지.

광고도 가짜 뉴스처럼 거짓 정보가 있으니 무턱대고 믿으면 안 돼.

광고는 제품에 대한 정보를 전달하면서도
사람의 마음을 사로잡아야 해.
그래야 사람들이 구입할 테니까.
하지만 거짓되거나(허위) 부풀린(과장) 내용을
광고하면 안 돼.
이런 광고를 **허위 과장 광고**라고 해.

허위 과장 광고에 속지 않으려면 광고를 비판적으로 봐야 해.
광고 내용이 사실인지 아닌지를 잘 살펴야 한단 거지.

광고는 제품이나 서비스를 팔려고 만들기 때문에 당연히 그것을 좋게
표현해. 그래서 우리는 광고 속의 사실과 의견을 구분할 줄 알아야 해.

사실은 맞는지 틀리는지 확인할 수 있어. 하지만
의견은 말하는 사람의 생각이나 느낌이라서
그럴 수 없지.

이 광고에서 사실과 의견을 찾아보자.

> 1. 이 문제집에는 수학 문제 300개가 실려 있습니다.
> 2. 초등학교 4학년이라면 꼭 풀어야 할 수학 문제집!
> 3. 우리나라 최고 선생님들이 만든 가장 좋은 문제집입니다.
> 4. 많은 학생이 이 문제집을 풀고 성적이 올랐습니다.

1번은 사실이고 2번과 3번은 의견이야. '문제 300개'는 문제집을 보고 확인할 수 있어. 하지만 '꼭 풀어야 할', '최고 선생님들', '가장 좋은'은 광고주의 주장일 뿐이라서 확인할 방법이 없어.
광고에는 '최고', '가장 좋은', '탁월한', '매우 재미있는' 같은 표현이 자주 나와. 이런 표현은 의견일 뿐이니 덜컥 믿으면 안 돼.

4번 문장은 어때? 몇 명이어야 많다고 할 수 있을까? 또 성적이 얼마나 올랐다는 걸까? 이런 내용은 광고에 나타나 있지 않아. 4번 문장도 사실이라고 믿기는 어렵겠지?

요즘엔 제품이나 서비스 사용 후기를 본뜬 광고가 많아.
블로그나 개인 SNS에서 자주 보이는 바이럴 광고야.

바이럴 광고는 입소문을 타고 바이러스처럼 퍼지는 광고야.
온라인에서 인기가 많은 인플루언서가 어떤 제품을 써 보니 효과가
아주 좋다고 SNS에 후기를 올려. 직접 사용한 경험을 이야기하는
거니까 믿을 만하다고 생각하겠지? 하지만 실제로는 돈을 받고
광고해 주는 거야.
이런 콘텐츠 앞에는 '광고'라는 표시가 있으니, 사실과 의견을
꼼꼼하게 구분하면서 봐야 해.

진이가 본 키 크는 약이 몸에 나쁘지는 않을 거야.
하지만 먹는다고 키가 클 가능성은 작아. 왜냐하면 효과가 입증된
의약품은 인터넷에서는 팔지 않거든.

광고에 나온 것은 영양제처럼 건강에 도움을 주는 기능성 식품이야.

부모님이 왜 필요 없다고 하셨는지 알겠지?

영양제는 약이 아니기 때문이야.

진이는 한참 자라는 성장기이고, 키가 늦게 크는 건 건강상

큰 문제가 아니야. 그러니 불안한 마음이 들게 하는 광고는

잊어버리자.

파피루스에서 유튜브까지! 광고는 어떻게 발전했을까?

세계에서 가장 오래된 광고는 무엇일까? 지금까지 알려진 바로는 기원전 1000년 무렵 고대 이집트에서 쓰인 노예 현상 수배 광고야. 파피루스에 "도망간 노예를 찾아 주면 금화를 드립니다."라고 적혀 있었대. 이 시대에는 파피루스에 문자를 적어 정보를 전달했고, 노예 제도가 있었다는 사실을 알 수 있지. 광고는 그 시대를 알 수 있는 미디어야.

광고는 미디어와 함께 발전해 왔어. 인쇄술의 등장으로 정보가 더 많은 사람에게 퍼지게 되었고, 라디오와 텔레비전이 발명되면서 문자가 아닌 음성, 영상 등으로 정보를 전달하게 되었지.

사람들이 신문을 많이 보던 때에는 주로 **신문에 상업 광고**를 실었어. 지금도 신문에서 가장 먼저 눈이 가는 1면 아랫부분과 마지막 면 전체에 광고를 내려면 돈을 많이 내야 해.

라디오 광고를 들어 본 적이 있니? 라디오 광고는 음악과 목소리가 중요해. 그래서 짧고 귀에 쏙 들어오는 노래가 등장하는 광고가 많아.

텔레비전 광고는 많이 봤지? 인기가 많은 프로그램에는 광고가 많이 나와. 텔레비전 광고는 제품과 사용법을 직접 보여 줄 수 있어서 효과가 좋았어.

인터넷과 스마트폰을 사용하는 사람들이 늘어나자 **온라인 광고**가 늘어났어. 그러면서 광고 종류도 무척 다양해졌지. 텔레비전 시청률이 높던 시절에는 영화만큼이나 멋진 광고가 많았어. 하지만 유튜브가 생긴 다음부터는 짧고 금방 관심을 끄는 광고가 많아졌어.

건물만큼 큰 **전광판에서 나오는 영상 광고**를 본 적이 있니? 화면이 크니까 파도에서 바닷물이 튀고 상어가 나에게 덤벼들 것처럼 생생해. 이렇게 큰 영상 광고는 압도적이라 눈길을 확 끌지.

광고는 미디어 환경에 따라 빠르게 변하는 미디어야. 그래서 광고를 보면 미디어의 역사와 발전을 알 수 있단다.

미디어는 공짜가 아니다

유튜브는 무료 서비스가 아니야. 유튜브를 공짜로 보려면 광고를 봐야 해. 무료 게임을 할 때도 광고를 본 적 있을 거야.

미디어 플랫폼은 콘텐츠를 무료로 주고 우리가 광고 보는 시간을 대가로 가져가.

영상을 보다가 광고가 많이 나와서 짜증이 난 적이 있니?

한참 재미있는 순간에 광고가 나오면 짜증스럽고, 필요 없는 물건을 사고 싶어지기도 해. 이 때문에 광고를 싫어하는 사람이 많아.

그래서 광고는 점점 더 매력적으로 진화하고 있어. 짧은 드라마처럼 긴장감 있게 만들기도 하고, 뉴스처럼 중요한 정보로 보이게 만들기도 해. '건너뛰기'를 누르지 말고 끝까지 다 보라는 거지.

또 같은 광고라도 플랫폼에 따라서 다르게 만들어. 방송용 광고는 15초나 30초로 짧게 만들고, 유튜브 광고는 1~10분까지 다양한 형식으로 만들어. 유튜브 광고가 방송 광고보다 제약을 덜 받기 때문이야.

콘텐츠에 숨어 있는 광고도 있어. 예를 들어, 회사가 광고하는 옷을 드라마

등장인물이 입고 나와 자연스럽게 보여 주는 식이지.

이런 노력에도 불구하고 사람들은 여전히 광고를 좋아하지 않아. 그래서 미디어 플랫폼은 광고를 안 보고 싶은 사용자에게 대가를 받기로 했어. 광고가 안 나오는 요금제를 만든 거야. 시간을 주기 싫으면 돈을 내라는 거지. 돈이냐 시간이냐, 너는 어느 쪽을 선택할래?

7. 사진과 영상이 나를 속일 수 있다고?
이미지 리터러시

사진을 찍은 각도에 따라 사람이 적어 보이기도,

많아 보이기도 하다니 하니가 많이 당황했을 것 같아.

누구나 하니처럼 오해할 수 있어.

사진이나 동영상만큼 사실을 분명하게 보여 주는 건 없어.

그래서 기사나 뉴스에 자료로 많이 쓰이지.

하지만 최근에는 사진이나 동영상을 교묘하게 이용하는 일이 많아.

진이랑 같이 찾아볼까?

두 사진을 비교해 봐.

ⓒ 신미식

위 사진이 원본이야. 아래 사진은 사람이 많은 곳을 잘라 냈어.
어때, 사람이 훨씬 적어 보이지?

만약 이 집회에 사람이 많이 모이지 않았다고 보도하고 싶으면 아래 사진을 쓸 거야. 뉴스를 본 사람들은 그렇게 믿을 테고.

그렇다면 이렇게 뉴스를 만들면 거짓말하는 걸까?

애매하지만 기자가 사람이 적게 모인 것처럼 보이게 유도한 건 맞아.

이렇게 애매한 정보들도 있기 때문에 미디어를 비판적으로 보는 **미디어 리터러시**가 정말 중요해.

"이거 진짜일까? 합성 아닐까?" 인터넷에는 의심이 드는 사진이 많아. 가짜 뉴스처럼 조회수를 늘리려고 자극적인 사진을 만들기 때문이야. 이럴 땐 이미지 검색으로 사진과 관련된 정보를 찾아봐.

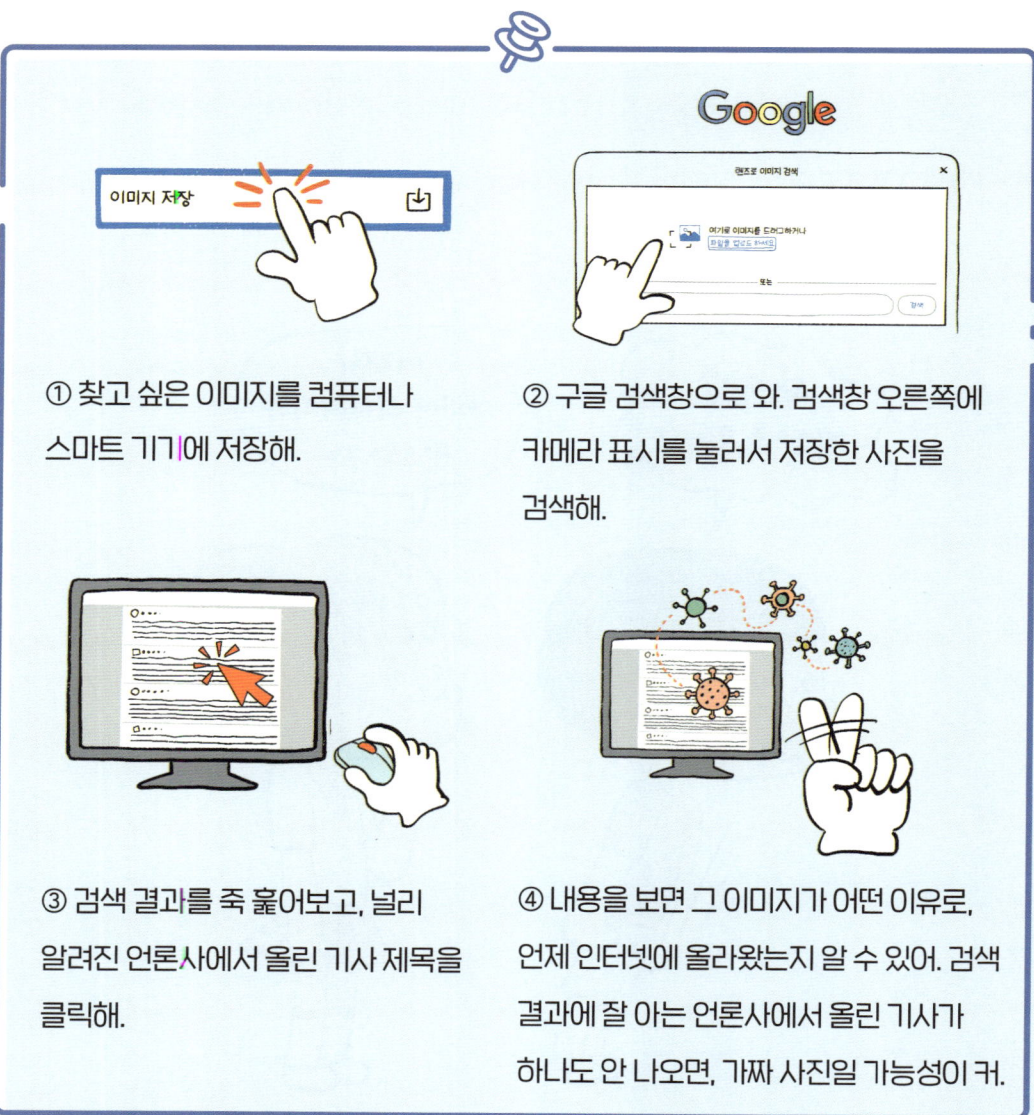

① 찾고 싶은 이미지를 컴퓨터나 스마트 기기에 저장해.

② 구글 검색창으로 와. 검색창 오른쪽에 카메라 표시를 눌러서 저장한 사진을 검색해.

③ 검색 결과를 죽 훑어보고, 널리 알려진 언론사에서 올린 기사 제목을 클릭해.

④ 내용을 보면 그 이미지가 어떤 이유로, 언제 인터넷에 올라왔는지 알 수 있어. 검색 결과에 잘 아는 언론사에서 올린 기사가 하나도 안 나오면, 가짜 사진일 가능성이 커.

최근에는 가짜 영상이 문제가 되고 있어. 인공 지능 기술을 이용해 가짜 영상을 만드는 기술, 딥페이크 이야기야.

딥페이크는 인공 지능 기술 딥 러닝(deep learning)과 가짜를 뜻하는 페이크(fake)를 합친 말로, 가짜 동영상이나 사진을 만들어 내는 기술이야. 딥페이크로 만든 영상은 진짜와 구분하기 어려워.

딥페이크 기술은 영상이 필요한 여러 곳에 쓰여. 드라마나 영화의 특수 효과를 만들 때 딥페이크를 쓰면 비용을 많이 들이지 않아도 멋진 장면을 만들 수 있어.

어릴 때 실종된 사람을 찾을 때도 딥페이크로 지금 얼굴을 만들어 캠페인을 할 수 있어. 잃어버린 가족을 찾도록 도와주는 좋은 일이야.

하지만 안타깝게도 딥페이크 기술은 다른 사람을 속여 피해를 주는 범죄에 이용되기도 해. 얼마 전 연예인 얼굴이 들어간 가짜 투자 광고를 만들어 사기를 친 사건이 있었어.

광고를 본 사람들은 가짜 연예인을 따라 투자했다가 큰 피해를 입었지. 그 연예인도 이 범죄의 피해자야. 그러니 딥페이크로부터 우리 스스로를 지켜야 해.

1. 내 사진은 물론 다른 사람의 사진으로도 가짜 사진이나 영상을 만들면 안 돼.

2. 인터넷 공간이나 SNS에 사진 등 개인 정보를 올리지 마. 스토리나 펌도 캡처할 수 있는 것 알지? 모르는 사람이 내 정보를 가져가서 조작할 수 있어.

3. 동의 없이 다른 사람을 찍으면 안 돼. 그런 사진을 인터넷이나 단체 대화방에 공유하는 것도 금지야. 장난으로 잠깐 올렸다가 지운다고 생각할 수 있지만, 한번 인터넷에 올리면 완전히 삭제할 수 없어.

4. 무엇인지 모르는 링크는 클릭하지 마. 나도 모르게 뭔가를 다운로드했다면 바로 삭제해야 해.

현이와 하니는 말다툼할 뻔했지만 두 사진을 비교해 오해를 잘 풀었어. 앞으로는 영상을 꼼꼼하게 따져 보기로 하자.

8. 이만큼만 보여 줄래
SNS 리터러시

현이네 집에 놀러 갔다. 현이는 펜과 연필 같은 문구를 리뷰하는 영상을 만드는 유튜버다. 현이가 올린 영상에서는 늘 책상이 깔끔하게 정리되어 있었는데, 오늘 보니 엉망이라서 좀 놀랐다. 방바닥과 침대엔 옷과 장난감, 책이 마구 어질러져 있었다. 영상에 나오는 책상만 아주 깨끗했던 거다.

영상에 보이지 않는 모습도 있으니 보이는 대로 믿으면 안 될 것 같다.

SNS는 사람들을 연결하고, 생각을 나누는 좋은 미디어야.

좋아하는 글, 사진, 동영상을 올려서 나를 표현할 수 있지.

사람들이 SNS로 '나'를 표현하는 이유가 뭘까?

사람들의 관심을 받고, 소통할 수 있기 때문일 거야.

댓글, 좋아요, 하트를 받으면 당연히 기분이 좋아.

그래서 사람들은 솔직한 모습보다 관심을 끌 만한 모습을 올려.

맛있는 음식, 유명한 장소, 비싼 선물 같은 것 말이야.

SNS에는 다들 행복한 모습뿐이지?

그건 남에게 보여 주고 싶은 모습만 올리기 때문이야.

SNS에서 보이는 모습은 우리 삶의 한 장면일 뿐이라는 사실을 잊지 마.

요새는 SNS에서 어른이 청소년인 척하거나 가짜 직업으로 다른 사람을 속이는 사건이 늘어났어.

이런 이유에서 SNS 회사들은 만 14세가 되지 않은 어린이는 계정을 만들 수 없게 했어. 부모님이 허락해야 계정을 만들 수 있지. 호주에서는 어떤 경우든 어린이가 SNS를 하지 못하도록 금지하는 법을 만들었고, 다른 나라도 비슷한 법을 마련하고 있어. 나와 세상에 대해 배워 나가는 어린이, 청소년에게 SNS가 부정적 영향을 주기 때문이야. 나중에 SNS를 하더라도 이런 점은 주의해야 해.

1. 남과 나를 비교하지 말자

다른 사람과 나를 비교하는 건 나를 불행하게 만들어. 다들 남에게 보여 주고 싶은 모습만 SNS에 올린다는 사실을 명심해.

2. '좋아요' 수에 집착하지 말자

SNS는 내 마음대로 쓸 수 있는 도구일 뿐이야. 내 게시물에 붙은 '좋아요' 수와 상관없이 나는 가치 있는 사람이니 그런 데 연연하지 마.

3. SNS는 만들어진 세상이다

사람들은 자기가 보여 주고 싶은 모습만 SNS에 올려. 있는 그대로의 모습이 아니라 다듬어진 모습이지. SNS 게시물은 계정 주인이 만들어 놓은 세상이나 다름없으니 그대로 믿으면 안 돼.

4. 다른 사람에게 나를 맞추지 말자

SNS를 하다 보면 온라인 공간에서 많은 사람을 만나. 그들에게 인기를 얻으려고 애쓰는 건 부질없는 일이야. 실제로는 거의 만날 일이 없는 사람들에게 나를 맞추느라 시간과 노력을 들이는 건 정말 아깝잖아.

9. 악플은 모두를 아프게 해

인터넷에서 댓글로 다른 사람과 생각을 주고받은 적 있니?

댓글과 답글을 연달아 달면 직접 만나서 수다 떠는 듯이

재미있게 이야기 나눌 수 있어.

그런데 댓글로 상대 마음에 생채기를 내는 사람도 있어.

상대를 무작정 비난하고, 상처를 주는 댓글을 '악플'이라고 해.

아마 서로 얼굴을 안 보니까 쉽게 악플을 다는 거 같은데, 악플은

받는 사람도, 보는 사람도 고통스럽게 해.

누군가를 고통스럽게 하고 상처를 주는 악플은 절대 써서는 안 돼.

악플은 정말 무서워. 악플에 시달리다가 목숨을 끊는 사람도 있어.

악플을 쓰는 사람 마음에도 나쁜 표현이나 욕이 남아.

그러니 악플은 쓰지도 말고, 보지도 말고, 퍼뜨리지도 말아야 해.

만약 악플을 받으면 어떻게 해야 할까?

1. 혼자 고민하지 말고 믿을 수 있는 어른에게 말해.

2. 나에게 악플을 단 사람과 계속 싸우려고 하지 마. 관심을 받고 싶어 악플을 단 사람에게는 무시하고, 차단하고, 신고하는 것이 더 강한 벌이야. 악플을 받은 내가 아니라 악플을 쓴 사람이 잘못했다는 사실을 꼭 기억하자.

누군가 악플을 쓰거나 나쁜 콘텐츠에 하트를 누르면,

그걸 캡처해서 영상으로 만드는 사람이 있어.

이것을 '박제'라고 해. 박제는 왜 하는 걸까?

악플을 쓰는 건 나쁜 행동이고, 악플을 금방 삭제할 수

있으니까 박제해서 모두가 보도록 공개하려는 거야.

"이 사람이 이렇게 나쁜 행동을 했어요." 하고 말이야.

악플 쓰는 건 분명 나쁜 행동이 맞아. 하지만 다른 사람에게 공개하고, 인터넷에 영원히 남게 하는 게 옳을까?

여러 사람에게 잘못을 알리는 건 그 친구를 공격하고 다치게 하는 것과 같아. 잘못을 고치도록 도와주는 것이 절대 아니지. 만약 내 친구가 악플을 달았다면, 반성할 시간을 주고, 사과할 기회를 만들어 주자.

10. 숏폼을 많이 보면 뇌가 썩는다고?

오늘은 미디어 수업 시간에 엄청 무서운 단어를 들었다.

바로 뇌 썩음! 뇌 기능이 떨어지고, 집중력이 낮아져서 어려운 일을 해내지 못하는 것이 뇌 썩음 증상이라고 한다.

숏폼을 너무 많이 보면 뇌가 썩는다는데 깜짝 놀랐다.

요새 몇 번 숏폼을 보았는데, 계속 보고 싶다는 생각이 들었기 때문이다.

숏폼은 보면 볼수록 중독된다는데 정말일까?

솔직히 긴 영상보다 숏폼이 훨씬 재밌다.

그렇지만 뇌가 썩는다니 진짜 무섭다.

뇌가 썩는다니 너무 충격적이지? '뇌 썩음'은 짧은 영상을
많이 볼수록 뇌 기능이 낮아지는 현상이야.
옥스퍼드 대학교에서 해마다 올해의 단어를 발표하는데,
2024년 단어가 **뇌 썩음**이었어. 이런 무서운 단어를 선정했다니
심각한 문제인 것 같아.

요즘 인기가 많은 유튜브 쇼츠, 인스타그램 릴스, 틱톡처럼 길이가
짧은 영상을 숏폼이라고 해. 빠르게 내용을 본다는 장점이 있지만,
오래 보면 뇌에 부정적인 영향을 줘.
어떤 영향을 주는지 하나씩 알아볼게.

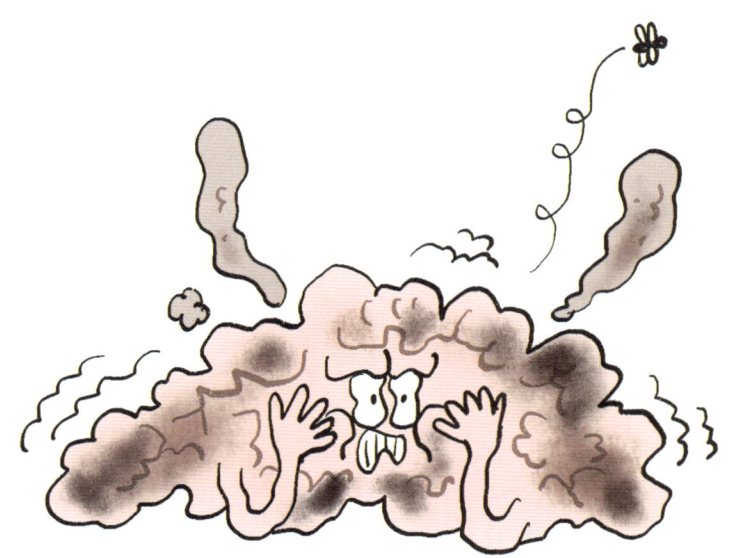

1. 한번 보기 시작하면 멈추기가 어렵다

숏폼은 짧은 시간에 재미를 줘야 해서 자극적인 내용이 많아.

내용을 부풀리거나 거칠게 표현하기도 하지.

이런 자극을 받으면 뇌에서 도파민이라는 호르몬이 분비되어서

마치 기분이 좋은 것처럼 착각해. 그럴수록 계속 자극적인 영상이

보고 싶어지지.

2. 집중력이 약해진다

공부나 책 읽기처럼 생각하는 활동을 하기가 점점 더 어려워져.

긴 영상도 보기 힘들어져서 재생 속도를 1.5배, 2배로 올려서 빨리 보지.

하지만 공부는 빨리할 수 없잖아. 이해할 때까지 계속 집중해야 해.

숏폼을 많이 보면 공부가 힘들어지는 이유가 바로 여기에 있어.

3. 팝콘 브레인이 돼

우리의 하루는 영상처럼 빨리 끝나지도 않고, 재생 속도를 높일 수도 없어. 그런데 숏폼이 주는 자극에 익숙해지면 일상생활을 지루하게 느끼고, 팝콘이 팡팡 튀는 것처럼 자극적인 것에만 뇌가 반응해.
그럼 또 숏폼을 보게 되지. 악순환이 이어지는 거야.

4. 가짜 뉴스에 속을 수도 있어

숏폼은 내용이 순식간에 지나가고 다음 영상이 재생되니까 이상한 부분이 있어도 꼼꼼히 따져 보지 않아. 뇌가 생각하는 힘을 점점 잃는 거지. 그러면 가짜 뉴스를 봐도 의심하지 않고 덜컥 믿게 되지.

혹시 이렇게 느낀 적이 있니?

영상을 여러 개 봤는데 내용이 잘 생각나지 않는다.

숏폼을 "10분만 봐야지!" 했는데 어느새 20분도 넘게 지나 있었다.

딱히 어떤 영상을 보고 싶은 것은 아니지만 빨리 쇼츠나 펑을 켜고 싶다.

바로 지금이 우리 뇌가 위험한 순간이야!

뇌 썩음을 막기 위해선 우선 **미디어 기기를 내려놓아야** 해. 전문가들은 스마트폰 보는 시간을 줄이고, 사람들을 직접 만나 대화하라고 해. 또 의미 있는 콘텐츠를 보는 시간과 오락용 콘텐츠를 보는 시간을 8:2로 나누라고 조언하지. **스트레칭, 유산소 운동**으로 몸을 움직여 뇌로 가는 혈액의 양을 늘리는 것도 필요해.

우리 뇌를 지킬 준비되었니? 지금 당장 시작해 보자!

11. 필터 버블에 갇힌 진이
알고리즘

8월 3일 수요일   오늘 기분

미리 선생님은 I인 것 같다. 말이 없고 조용하시다.

그래서 E인 내 말을 잘 들어 주시는 것 같다.

I와 E는 의외로 좋은 짝꿍이라고 하던데 진짜였네!

이번 주말에 현이와 같이 놀기로 약속했다.

현이는 뜨 언제 어디서 무엇을 할지 꼬치꼬치 확인한다.

역시 J여서 그런 것 같다고 했더니, 나에게 MBTI 필터 버블에 갇힌 것 같다고 했다. 필터 버블이 뭐지?

필터 버블은 거른다는 뜻인 영어 필터(filter)와 거품을 뜻하는 버블(bubble)을 합친 단어야. 필터 버블에 갇힌다는 건 거품에 갇혀서 걸러진 정보만 보느라 세상을 제대로 보지 못한다는 의미지.

진이는 왜 주변 사람을 MBTI로만 보는 필터 버블에 갇혔을까? 바로 알고리즘 때문이야.

사용자에 따라서 맞춤 콘텐츠를 추천해 주는 시스템을 알고리즘이라고 해. 알고리즘은 유튜브뿐만 아니라 인스타그램, 넷플릭스 등 거의 모든 미디어 플랫폼에 쓰여. 미디어 플랫폼은 왜 알고리즘을 쓸까?

사용자가 오래 접속해 있기를 원하기 때문이야.

미디어 플랫폼은 보통 사용자에게 돈을 받지 않아.

주로 광고주에게 광고료를 받아서 회사를 운영해.

"우리 플랫폼은 5만 명이 사용해요! 우리 사이트에 광고하면 당신의 제품을 5만 명에게 보여 줄 수 있어요." 하고 홍보해서 광고주에게 돈을 받아. 사용자가 많을수록, 오래 머물수록 광고주에게 돈을 더 많이 받을 수 있지.

그래서 미디어 플랫폼은 사용자를 늘리는 한편, 한번 접속하면 오래 머물도록 사용자가 좋아할 맞춤 콘텐츠를 계속 추천해.

유튜브는 진이가 유튜브에 오래 머물기를 바라. 그래서 앱을 열면 보이는 첫 화면과 '다음에 볼 영상'에 MBTI 영상을 추천해. 그동안 진이가 어떤 영상에 '좋아요'를 누르고 구독했는지, 어떤 단어를 검색했는지, 주로 어디에서 몇 시에 접속했는지, 어떤 영상을 추천했을 때 클릭했는지 따위를 기록해 뒀거든. 이 기록을 바탕으로 진이 맞춤 영상을 추천하는 거야. 이렇게 만든 알고리즘이 추천해 준 콘텐츠만 보면 필터 버블에 갇힐 수 있어.

여기서 잠깐, 알고리즘에 대해 하나 더 생각해 보자.

내가 좋아할 만한 것을 쏙쏙 알아서 추천받으니 편리하다고 생각하니?

알고리즘은 사용자가 좋아할 만한 영상이면 무엇이든 추천해.

내용이 진짜인지 가짜인지는 따지지 않아.

추천한 내용이 진짜인지를 따지는 것은 보는 사람 몫이지.

알고리즘이 주는 부정적인 영향은 또 있어.
미디어 플랫폼이 알고리즘을 위해 수집한 개인 정보를 다른 회사에
팔 수도 있어. 내가 검색했던 물건의 광고를 계속 보여 줘서
꼭 필요하지 않은데도 사고 싶은 마음을 불러일으키기도 하지.

이런 위험성 때문에 플랫폼의 설정에서 활동 기록을 중지하고
알고리즘을 사용하지 않는 사람들도 있어.

알고리즘은 나를 미디어 플랫폼에 더 오래 머물게 하려는
시스템이라는 것, 이제 알겠지? 그러니 영상을 보는 시간을 줄이고
싶어 고민이라면 알고리즘을 잠깐 멈춰 두면 어떨까?
《나의 스마트폰 일기》 61쪽을 참고해서 시청 기록 중지를 설정해
보자.

12. 등급이 있는 영상, 등급이 없는 영상

영상물 등급은 영상 내용을 분석해서 시청하기에 적합한 나이를 분류하고 표시하는 거야. 이런 표시를 본 적 있지? 영화와 광고 같은 영상물 오른쪽 위에 붙어 있어.

영상에 등급을 정해 놓는 이유는 어린이와 청소년을 보호하기 위해서야. 사람의 생각과 몸은 많이 보는 영상에 영향을 받아. 위험하고 자극적인 영상을 많이 보면, 따라 해도 괜찮을 것 같은 생각이 들지. 그래서 어린이를 보호하기 위해 영상에 등급을 매기는 거야.

텔레비전 화면에 숫자가 들어간 노란 동그라미가 가끔 나타나지? 방송 프로그램과 게임에도 등급이 있어.

그런데 많은 어린이가 보지만 영상 등급이 없는 동영상 플랫폼이 있어. 바로 유튜브야. 유튜브 영상 중엔 무섭거나, 폭력적이거나, 어려운 내용도 많아. 그런데도 어린이를 보호할 등급이 정해져 있지 않으니 유튜브를 볼 때는 우리가 스스로를 보호해야 해.

유튜브 영상을 볼 때 자신을 보호하는 법을 알려 줄게.

1. 생각하며 보기

썸네일을 보고 내가 봐도 되는 내용일지 미리 생각해 봐. 내가 보면 안 될 것 같다면 클릭하지 말아야 해.

2. 바로 멈추기

영상을 보면서 이해가 잘 가지 않거나, 기분이 나쁘거나, 심장이 쿵쾅거리면 보는 것을 멈춰. 그리고 영상에 대해 부모님께 말씀드리자.

3. 기분을 나쁘게 하는 이상한 영상을 뜨지 않게 하기

- 계정 설정에서 '시청 기록' 삭제하기
- '싫어요' 버튼 누르기
- '관심 없음' 또는 '채널 추천 안 함' 기능 사용하기
- 설정에서 '제한 모드' 켜기

나에게 알맞은 등급의 영상만 보는 게 정신 건강에 이롭다는 사실, 잊지 마!

13. 저작권과 초상권을 지켜 줘!

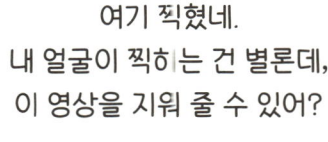

친구들과 SNS에서 유행하는 챌린지를 찍어 본 적 있니?
챌린지는 특별히 지정한 춤이나 노래 따위를 영상으로 찍어서
공유하는 온라인 놀이야. 디지털 미디어가 발전하면서 새롭게
생겨난 놀이 문화야. 스마트폰만 있으면 언제 어디서나 영상을 찍을
수 있으니 너도나도 재미있게 하지.

온라인에 올라간 챌린지 영상은 어떻게 될까?
여러 사람이 동시에 보고, '좋아요'를 누르고, 공유할 거야.
그것도 아주 빠르게. 디지털 미디어는 다른 사람에게 콘텐츠를
보내는 게 간단해서 퍼지는 속도가 무섭게 빨라.
한번 인터넷에 업로드하면 삭제하기 어렵지.

그래서 디지털 미디어를 사용할 때 꼭 기억해야 할 게 있어.
미리 선생님과 함께 지금부터 차근차근 알아보자.

초상권

모든 사람에게는 자기 모습에 대한 권리, 즉 초상권이 있어. 다른 사람이 침해할 수 없는 권리니까 누가 너를 찍거나 사진을 사용하려고 할 때, "싫어요!"라고 말할 수 있어.

학교 선생님이나 부모님은 네 사진을 찍을 수 있어. 부모님은 어린이의 보호자이고, 학교는 부모님께 네 사진을 찍는다고 허락을 받았기 때문이야. 이렇게 허락을 받지 않은 채로 다른 사람을 찍거나 사진을 사용하는 건 초상권을 침해하는 행위야.

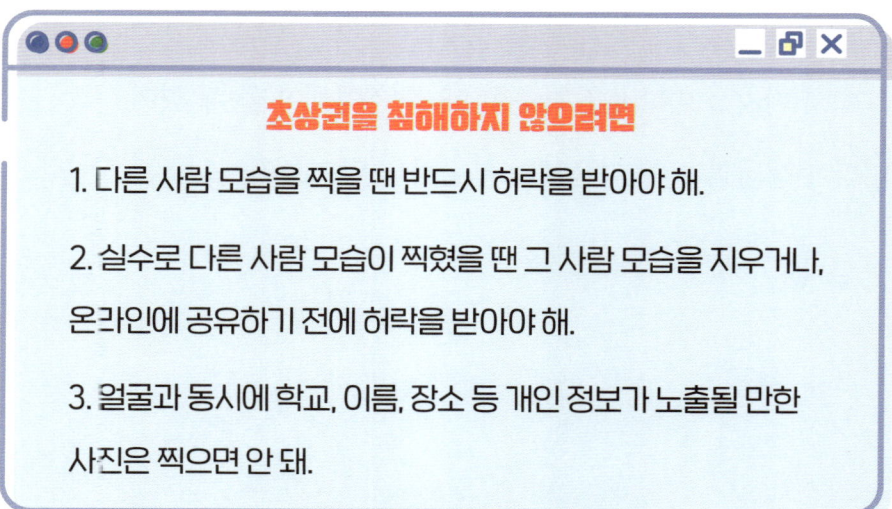

초상권을 침해하지 않으려면

1. 다른 사람 모습을 찍을 땐 반드시 허락을 받아야 해.

2. 실수로 다른 사람 모습이 찍혔을 땐 그 사람 모습을 지우거나, 온라인에 공유하기 전에 허락을 받아야 해.

3. 얼굴과 동시에 학교, 이름, 장소 등 개인 정보가 노출될 만한 사진은 찍으면 안 돼.

저작권

저작권이란 창작물을 만든 사람이 갖는 권리야. 창작물은 새롭게 만들어 낸 것을 말해. 창작물을 만든 사람이 창작물을 사용하거나 창작물로 돈을 벌 수 있는 권리가 저작권이지.

우리도 모르는 사이에 다른 사람의 저작권을 침해할 수 있어.

실수로 저지르기 쉬운 저작권 침해 사례를 소개할 테니까 잘 읽어 보고 주의하자.

1. 인터넷에서 찾은 이미지를 허락 없이 사용하는 것
2. 숙제할 때 인터넷에서 본 글이나 그림을 베끼는 것
3. 드라마나 예능 프로그램, 웹툰 등을 캡처해서 인터넷에 올리는 것
4. 내가 만든 영상에 인기 노래를 허락 없이 배경 음악으로 사용하는 것

저작권 표시가 없고, 다른 사람도 쓴다고 해서 마음대로 쓰면 안 돼. 그 콘텐츠를 만든 사람에게 반드시 허락을 받아야 하고, 저작권 표기법에 따라 출처를 밝혀야 하지. 그래야 사람들이 그 저작물에 대한 정보를 알 수 있거든.

유튜브의 음악 영상을 보다가 '더 보기'를 누르면 노래를 만든 사람과 가수의 정보를 확인할 수 있는 것처럼 말이야. 이런 표시가 있다면 규칙을 잘 읽어 보고 규칙에 따라야 해.

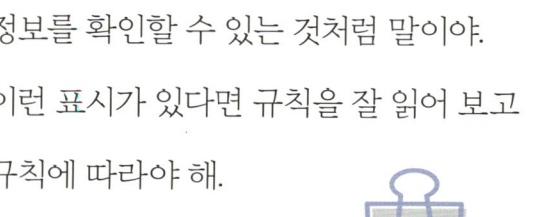

픽토그램	이름	뜻
(i)	저작자 표시	만든 사람을 표시해야 한다.
(￦)	비영리	이 저작물을 자유롭게 써도 되지만 돈 버는 일에 쓸 수 없다. 돈을 벌고 싶다면, 저작자와 따로 계약해야 한다.
(=)	변경 금지	2차 저작물을 만들어서는 안 된다. 2차 저작물의 예: 소설을 영화나 음악으로 만드는 것.
(⟳)	동일 조건 변경 허락	2차 저작물을 만들 수 있지만 원저작물과 같은 조건이어야 한다. 예: 원저작물이 무료였다면 2차 저작물도 무료여야 한다.

특히 영상을 만들 때는 내가 업로드할 플랫폼에서 무료로 제공하는 음악을 사용하는 것을 추천해. 유튜브 영상을 올릴 때는 유튜브 오디오 라이브러리에 있는 음악을 사용하는 거야.

자유롭게 사용할 수 있는 저작물(이미지, 영상, 오디오, 글꼴 등)을 모아 놓은 공공누리(www.kogl.or.kr) 사이트도 있으니 잘 기억해 둬.

14. 구독자를 늘려 준다고요?

얼마 전 한 어린이가 겪은 깜짝 놀랄 일을 소개할게. 그 친구는 춤 계정을 운영하고 있었는데, 어떤 사람이 미션을 하면 구독자를 늘려 준다며 앱을 깔라고 시켰어.

앱을 깔았더니 영상 전화가 왔고, 이상한 미션을 요구했대. 다행히 부모님께 말씀드리고 함께 경찰에 신고해서 위험한 상황까지 가지는 않았어.

유튜브 크리에이터라면 조회수와 구독자에 신경을 쓸 수밖에 없을 거야. 애써 만든 영상을 많은 사람이 보기를 바라니까 말이야. 이런 마음을 노리는 범죄가 점점 늘고 있어.
구독자 수를 늘려 준다며 이상한 요구를 하거나
SNS 회사라며 계정 암호를 알려 달라고 해서
계정을 훔치는 사건도 있었어.

누구나 언제든지 익명으로 쉽게 소통하는 디지털 미디어의 특징을 악용하는 범죄가 점점 많아지고 있어. 안전한 디지털 공간을 만들고, 나를 지키기 위해서 다음 내용을 꼭 기억하자.

1. 피싱 범죄

믿을 만한 사람이나 기업이 보낸 메일이나 메시지처럼 속여서 개인 정보를 빼내는 범죄야. 요즘엔 링크를 보내 클릭하게 한 다음, 스마트 기기를 해킹해서 이상한 사이트가 열리게 하거나, 연락처를 가져가기도 해. 스마트 기기의 카메라를 해킹하는 경우도 있어.

어떻게 피하지?
- 모르는 링크는 절대 클릭하지 말기
- 무료 다운로드는 하지 말기
- 스마트 기기 카메라를 쓰지 않을 때는 스티커 등으로 막아 두기
- 모르는 링크를 클릭했다면 빨리 비행기 모드로 바꾸고 부모님께 알리기

2. 디지털 성범죄

불법 촬영, 유포 협박, 허위 영상물 제작(딥페이크), 온라인 그루밍 등이 있어. 온라인 그루밍은 온라인 공간에서 채팅, 게임 등으로 친해진 다음 부끄러운 사진을 찍게 하는 등 성적인 요구를 하고, 비밀을 만들어 다른 사람에겐 말하지 못하게 하는 거야.
장난으로 친구가 옷 갈아입는 모습을 몰래 찍거나, 다른 사람에게 부끄러운 사진을 찍게 하는 것도 디지털 성범죄에 해당해.

어떻게 피하지?

온라인에서 누군가 사진이나 동영상을 달라고 하면 부모님이나 선생님께 빨리 알려야 해. 나에게도 잘못이 있는 것 같아서 혼날까 봐 고민되겠지만, 너희에게 범죄를 저지르는 사람들이 나쁜 거야. 디지털 미디어는 빠르게 퍼지기 때문에 어린이 혼자서는 해결할 수 없어.

3. 저작권 침해 범죄

드라마, 영화, 웹툰 등을 무료로 보여 주는 불법 사이트가 있어. 이 사이트는 힘들게 작품을 만드는 사람의 저작권을 침해하는 범죄 사이트야. 게다가 일부는 도박 등 불법 서비스를 홍보하기 때문에 불법 사이트를 이용할수록 디지털 범죄 위험에 더 많이 노출되는 거야.

어떻게 피하지?

콘텐츠는 정당한 대가를 주고 봐야 해. 불법 사이트는 절대 방문하지 마.

4. 익명을 악용한 범죄

이름을 밝히지 않고 활동하는 익명성을 사기 범죄에 이용하는 나쁜 사람들이 있어. 중고 거래를 위해 채팅으로 대화한 뒤, 돈을 받고 물건을 보내지 않거나, 쓰레기를 대신 보낸대. 그러고는 자신을 찾을 수 없게 채팅을 지워 버리고 앱에서 탈퇴하는 거야. 신고한다고 하면 거래를 위해 건네준 개인 정보를 퍼뜨린다고 협박하기도 한대.

어떻게 피하지?

온라인에서 만난 사람에게는 개인 정보를 공개하지 말고, 의심스러운 메시지는 무시해. 중고 거래를 하고 싶다면 부모님께 부탁하는 게 좋아. 피해가 발생했다면 캡처 등으로 증거를 수집한 뒤 경찰에 신고해야 해.

5. 카톡 감옥 등 사이버 불링

사이버 불링은 가상 공간을 뜻하는 사이버(cyber)와 집단 따돌림을 뜻하는 불링(bullying)을 합친 말이야. 디지털 공간에서 누군가를 집단으로 따돌리거나 집요하게 괴롭히는 행위를 말해.

다른 사람을 공격하는 글이나 영상을 올리는 것, 단체로 한 사람을 욕하는 것, 단체 대화방에서 나갈 수 없게 강제로 초대하는 것 등이지. 24시간 내내 이어질 수 있다는 점에서 피해자를 아주 힘들게 해.

어떻게 피하지?

디지털 공간에 생각을 표현할 때는 내가 올리는 글이나 사진, 영상이 다른 사람에게 피해를 줄 수 있는지 생각해 봐야 해. 혹시 내가 피해를 입은 것 같다면 빨리 부모님이나 선생님께 말씀드려야 해.

오늘은 진이가 할머니의 미디어 선생님이었네.

진이 할머니처럼 나이가 많은 어르신들은 빠르게 변하는 미디어 환경에 적응하기 쉽지 않아.

식당에서 키오스크나 앱으로 주문하고, 지점에 가지 않고 스마트폰으로 은행 업무를 보는 건 불과 몇 년 사이에 바뀐 일이거든.

어른들은 세상에 없던 스마트폰이 나타나자 처음부터 하나씩 배우면서 사용해 왔어. 그런데 기술이 너무 빠르게 발전하면서 문제가 생기기 시작했지.

얼마 전 뉴스에 프로 야구 경기 입장권을 구하지 못한 할아버지 이야기가 나왔어. 할아버지는 경기 시작 2시간 전에 경기장에 갔지만 입장권을 살 수 없었대. 온라인에서 이미 예매가 끝나서 남은 표가 없었던 거야.
2025년 프로 야구 정규 시즌 입장권을 온라인에서 산 사람 중에서 60대 이상은 1.4퍼센트밖에 되지 않았대.

스포츠 경기 입장권뿐이 아니야. 스마트 기기와 디지털 미디어를 잘 모르면 기차와 시외버스 같은 교통수단도 이용하기 어려워.
이런 문제를 해결하려면 어떻게 해야 할까?
모두가 함께 편리한 방향으로 가고 있는지, 조금 느리게 따라오거나 도움이 필요한 사람은 없는지 살펴봐야 해. 그리고 이들이 겪는 불편함을 줄이는 방법을 고민해야 하지. 누구나 동등하게 세상을 누릴 수 있게 말이야.

아주 훌륭한 사례를 하나 소개할게.
국립중앙박물관에는 유물을 본떠 만든 복제품을 만질 수 있는 공간이 있어. 바로 오감 전시실이야. 시각 장애인이 정보를 얻는 방식 그대로 전시실을 만들었어. 손으로 더듬어 유물의 형태를 느끼고, 점자와 음성 안내로 유물에 대한 정보를 알 수 있게 했지. 그 덕분에 시각 장애가 있는 사람도 얼마든지 박물관을 누릴 수 있어.

미디어가 빠르게 변할 때는 모두가 함께 누리고 있는지, 소외된 사람은 없는지 살펴봐야 해. 많은 사람에게 생각과 정보를 전달하는 일이 바로 미디어의 목표이니까.

16. 나도 미디어 박사

학위증

이름: 김진이

위 사람은 미디어와 미디어 리터러시를

훌륭하게 공부했습니다.

미디어가 무엇인지, 미디어 리터러시는

왜 필요한지 잘 이해했고,

이를 바탕으로 미디어를 제대로 쓰는

어린이가 되었으므로 어린이 미디어 리터러시

박사 학위를 수여합니다.

미디어 박사님이 된 기분이 어때?

"나 정말 멋진데!"라고 말하면서 스스로 어깨를 툭툭 두드려 줘.

미디어에 대해 이렇게 많이 살펴본 어린이는 많지 않을 테니까.

요즘엔 사람들이 이용하는 미디어 기기도, 미디어 콘텐츠도,

미디어 플랫폼도 무척 다양해. 보고 듣는 정보도 다르니까 생각도

다르지. 앞으론 더 복잡하고 다양해질지도 몰라.

생각이 다른 사람들이 함께 행복하게 지내기 위해서는

건강한 미디어 생활이 꼭 필요해.

건강한 미디어 생활이란 뭘까?

지금까지 읽은 내용 중에서 가장 중요한 것이 뭐라고 생각하니?

앞으로 돌아가서 세 가지를 찾아 적어 봐.

1.

2.

3.

이건 앞으로 지킬 '나만의 미디어 약속'이야.

마지막으로 꼭 기억해 줬으면 하는 것이 있어.

우리가 서로에게 좋은 미디어가 되자!

친구에게, 가족에게, 그리고 공동체에 좋은 미디어가 되려면 세 가지가 중요해.

1. 새로운 정보를 만나면 사실이 맞는지, 믿을 만한 정보인지 꼼꼼하게 따져 보자.

2. 내가 하는 말, 쓰는 글, 만드는 영상이 다른 사람에게 피해를 주진 않을지 확인해야 해.

3. 미디어로부터 적당한 거리를 두는 것도 필요해. 너무 오랫동안 스마트 기기를 보지 않고, 개인 정보를 잘 관리하기!

미디어 리터러시를 갖춘 어린이가 된 걸 축하해.

미디어를 현명하게 사용하고, 내 생각을 미디어로 똑똑하게 표현하고, 세상에 좋은 영향을 주는 멋진 시민이 되길 바랄게.

성장의 발판, 도약의 구름판, 너머를 보여 주는 디딤판, **판퍼블리싱**

어린이 실전 미디어 리터러시

나의 미디어 일기
진이 미디어 리터러시를 갖춘 현명한 시민이 되다

초판 1쇄 발행 2025년 11월 30일

글 전해리 · **그림** 원혜진
펴낸이 이선아 · 신동경 · **디자인** 진보라
펴낸곳 판퍼블리싱 · **출판등록** 2022년 9월 21일 제2022-000153호
주소 서울시 마포구 신촌로2길 19, 마포출판문화진흥센터 3층
이메일 panpublishing@naver.com · **팩스** 0504-439-1681

ⓒ 전해리 원혜진, 2025

ISBN 979-11-992278-5-9 74300
ISBN 979-11-992278-0-4 (세트)

* 책값은 뒤표지에 있습니다.
* 잘못 만들어진 책은 구입하신 서점에서 교환해 드립니다.
* 이 책은 저작권법에 의하여 보호를 받는 저작물이므로 무단 전재와 복제를 금합니다.